TRIDUUM

EN L'HONNEUR DU

BIENHEUREUX J.-B. DE LA SALLE

(Extrait des registres de la paroisse)

AVIGNON

SEGUIN FRÈRES, IMPRIMEURS-ÉDITEURS

13, rue Bouquerie, 13

1888

TRIDUUM

EN L'HONNEUR DU

BIENHEUREUX J.-B. DE LA SALLE

(Extrait des registres de la paroisse)

On a peut-être aussi bien fait ailleurs ; nulle part on n'a pu mieux faire.

L'an 1888 et les 12, 13 et 14 octobre, conformément au décret du 25 février, accordé par la Sacrée Congrégation des Rites à l'Institut des Frères des Écoles chrétiennes, et suivant la Lettre pastorale de Mgr Besson, évêque de Nimes, Uzès et Alais, en date du 27 mai, nos Chers Frères de Roquemaure, généreusement secondés par les familles notables de la ville, ont fait célébrer un *Triduum* solennel, en l'honneur du Bienheureux Jean-Baptiste de la Salle, leur glorieux Fondateur.

Un témoin des plus autorisés et des plus dignes, un vénérable chanoine de la Métropole d'Avignon, qui rehaussait de sa présence ces religieuses solennités, n'hésitait pas à dire, aux termes de notre épigraphe, « qu'on avait peut-être aussi bien fait ailleurs, mais que « nulle part on n'avait pu mieux faire. »

Nous en dressons ici le procès-verbal circonstancié, pour en perpétuer le souvenir et pour ajouter à nos Annales paroissiales une de leurs plus belles pages.

I

ASSISTANCE DU CLERGÉ ET DES FRÈRES

Dès le soir du second jour, le *Triduum* a été présidé
par le Révérendissime Père Dom Marie Abric, abbé
mitré de la Trappe d'Aiguebelle, dont l'élévation à la
dignité abbatiale et pontificale faisait si grand honneur,
il y a six ans, au diocèse de Nîmes qui l'a donné à la
vie monastique, et dont la présence aux fêtes que nous
relatons honore tout particulièrement aujourd'hui l'humble curé de la paroisse, son ancien professeur d'humanités, au collège St-Stanislas.

Le Révérendissime Père Abbé était accompagné du
Révérend Père Benoit, son secrétaire intime.

Était chargé de la prédication M. l'abbé J. Maurice
Caucanas, chapelain titulaire de l'archibasilique de St-Jean-de-Latran, missionnaire apostolique.

Dans la nombreuse assistance du clergé, on comptait,
soit pendant les trois jours, soit un jour de la clôture,
MM. Bavanis, curé-doyen de Roquemaure, chanoine
honoraire de St-Denis (Île de la Réunion), et Camille
Salle, son vicaire ; Michel, chanoine titulaire de la Métropole d'Avignon et chanoine honoraire de Châlons ; de
Rochély, ancien aumônier des Frères de Crest ; Joulard,
Farges, Barral, Bouat, succursalistes à Montfaucon,
Sauveterre, Tavel et Lirac, du doyenné de Roquemaure ;
Plautin, Labrouve, succursalistes à Codolet et Sabran,
du doyenné de Bagnols ; Vaysse, gardiste, vicaire de la
paroisse Notre-Dame, à Orange.

MM. Planchon, Polaud, Mourrier, Couder, Mérie,
Louche, Fabrigoule, succursalistes à St-Laurent-des-Arbres, St-Victor-la-Coste, Salindres, St-Genès-de-Co-

molas, Laudun, Calvisson et Cavillargues, retenus par
leur service paroissial, ont vivement regretté de ne pou-
voir, comme leurs confrères, répondre à l'honorable
invitation qui les appelait à la même fête.

Parmi les Frères présents à la solennité, on distinguait
le Cher Frère Sophonie, visiteur du district d'Avignon,
le Cher Frère Sadoth-Laurent, directeur de l'école de
Roquemaure, avec les Chers Frères de sa modeste
communauté : Sophonie-Marie, Trason-Nicolas, Sardon-
Célestin, et cinq à six Frères directeurs des écoles cir-
convoisines.

II

DÉCORS DE L'ÉGLISE

L'église, déjà si belle avec sa seule architecture, avec
ses trois nefs ogivales, sa gracieuse ceinture de chapelles, ses riches vitraux, ses tableaux de prix..., était
comme transfigurée pour la circonstance par sa splen-
dide ornementation : il faudrait à la plume, pour en
reproduire les différentes vues, les vues d'ensemble et
de détail, telles qu'elles s'offraient aux yeux émerveillés
des fidèles, tous les secrets de la photographie (1).

I. Aux voûtes des trois nefs, et en longues files, aux
quatre faces de chaque pilier, sous les arceaux, devant
la balustrade des grandes orgues, flottaient cent *oriflammes* ou *bannières* avec leurs instructives *légendes* et leurs
brillantes *armoiries* non moins instructives:

(1) M. Félix Lévêque, un amateur photographe de Roquemaure, a usé très
habilement de ces secrets, en prenant deux photographies de l'église, pendant
le *Triduum* : une du haut de la tribune des grandes orgues, pour la vue d'ensemble ; l'autre, du banc de l'œuvre, pour la vue du Sanctuaire.

Les armoiries du Bienheureux, qui redisaient son antique noblesse, et celles de l'Institut, dont la fondation a fait devant Dieu et devant les hommes sa plus grande gloire ;

Celles de Benoît XIII, qui donna à son œuvre la Bulle d'approbation, de Grégoire XVI, de Pie IX, de Léon XIII, qui ont proclamé successivement l'héroïcité de ses vertus, son titre de Vénérable et sa béatification ;

Celles d'Avignon, de Grenoble, Reims, Rouen, Paris, Chartres, Versailles, Troyes, Marseille, Mende, Laon, Dijon, Alais, Moulins, tout autant de villes principales où le Bienheureux a personnellement fait l'école et communiqué aux instituteurs qu'il s'était attachés comme disciples sa méthode d'enseignement, avec son zèle et ses saintes ardeurs pour l'instruction de l'enfance, de la jeunesse ;

Celles de Mgr Besson, évêque du diocèse, qui a si éloquemment recommandé le *Triduum*, et celles du Révérendissime Père Abbé, qui a bien voulu en présider les fêtes.

Deux bannières surtout, d'une grande richesse, d'un rare travail et du meilleur goût, ont attiré l'attention.

Sur la première, on se complaisait à lire le nom de toutes les localités où le Bienheureux de la Salle, poursuivant l'œuvre qu'il avait créée et voulant la mener à bien, est allé, de sa personne, remplir si admirablement l'humble office d'instituteur.

On se complaisait plus encore à suivre, sur la seconde, la *Statistique de l'Institut des Frères des Écoles chrétiennes, à la date du 31 décembre 1887 :*

La *Statistique par* DISTRICTS, dans tous les pays du monde, en *France,* dans les *Colonies* françaises, et à *l'étranger.*

La *Statististique par* DÉPARTEMENTS, spéciale à la *France.*

Sur les 20 ou 30 colonnes de l'une et de l'autre, qu'on

embrassait d'un regard, on trouvait intéressant de relever, pour chaque DÉPARTEMENT et chaque DISTRICT, le nombre de MAISONS, de FRÈRES, de PROFÈS, d'ÉCOLES, d'écoles *publiques* et *privées*, d'écoles *d'adultes* et *d'apprentis*, de CLASSES, de PENSIONNATS, d'ÉLÈVES, d'élèves *civils*, *militaires*, *normaliens*, des diverses ŒUVRES ajoutées à l'œuvre par excellence des ÉCOLES.

Et de colonne en colonne, on sentait grandir son admiration pour un *Institut* aussi prospère, pour le *Bienheureux* qui en fut le *fondateur*, pour les dignes *Disciples* du Bienheureux, qui font, après lui, pour les enfants, particulièrement pour les enfants pauvres, pour les enfants du peuple, tant de merveilles.

2. De la porte d'entrée jusqu'au sanctuaire et aux bas côtés du sanctuaire, quatre rangs de lustres, dont la suspension, sous les arceaux, s'harmonisait parfaitement avec les autres décors, ménageaient, pour les heures d'illumination, les plus radieuses gerbes de lumière.

3. Quant au sanctuaire lui-même, l'aspect en était véritablement imposant :

Au centre, le *maître-autel*, avec sa parure des plus grandes fêtes ;

Sur le devant, du côté de l'épître, la STATUE DU BIENHEUREUX, dont le piédestal se perdait sous les broderies et les fleurs, et du côté de l'évangile, avec ses somptueuses draperies, le TRÔNE PONTIFICAL ;

Sur le fond, en arrière, par dessus le tombeau de Bridaine, entre deux superbes *oriflammes*, et sous forme de *transparent*, le TRIOMPHE DU BIENHEUREUX, où l'on voyait des groupes d'anges le portant au ciel sur une nuée lumineuse, et laissant flotter dans leurs mains de blanches banderolles, sur lesquelles se lisaient, dans leur texte latin, ces légendes de l'Écriture, si justement appliquées au sujet: « Laissez venir à moi les petits enfants »

(Luc XVIII, 15). — « Ceux qui auront instruit les multitudes dans la justice brilleront comme des étoiles dans les perpétuelles éternités » (Dan. XII, 3). — « Allons, bon et fidèle serviteur, entrez dans la joie de votre Seigneur » Math. XXV. 23.

4. Comme cadre au tableau, de jolies guirlandes, ingénieusement découpées et entrelacées par une vraie main ouvrière, couraient tout le long des murs, suivant de leurs plis onduleux tous les contours des ogives, reliant entre eux tous les embellissements du sanctuaire, des nefs, des chapelles, les bordant et les relevant de leurs fines dentelures.

III

Exercices du Triduum

Les exercices du *Triduum* se partageaient entre la *prière*, le *chant*, la *prédication*, et variaient suivant les jours.

1°

Journées du Vendredi et du Samedi.

Pour les deux premiers jours, *Vendredi* et *Samedi*, le programme portait quatre réunions : deux pour les *Enfants des écoles*, une pour les *Dames*, et une pour toute la *Paroisse*.

1. Les *Enfants des écoles*, des écoles congréganistes, s'entend, *garçons* et *filles*, se réunissaient, le MATIN, à 7 heures et à 11 heures 1/4.

A 7 heures, ils entendaient la messe de M. le Prédicateur et chantaient avec un admirable entrain le CANTIque au *Bienheureux de la Salle*, leur « saint ami », comme l'appelle si bien le *cantique*, leur « gardien fidèle », « leur puissant protecteur », le « glorieux patron de la jeunesse ».

A 11 heures, il se retrouvaient encore pour prier, pour chanter, et, entre deux beaux cantiques, leur était adressée une instruction familière qu'ils écoutaient avec autant d'intérêt que d'attention. Nous le constatons à leur louange, à la louange aussi de M. le Prédicateur, qui avait pour les instruire, pour les entretenir de leurs devoirs, les secrets de la langue la mieux appropriée à leur âge, et qui savait mêler à ses plus graves leçons des traits piquants, d'attachantes histoires.

II. La réunion réservée aux *Dames* se tenait à 9 heures.

Cette réunion d'élite s'ouvrait pieusement par l'audition de la *messe*, pendant laquelle, de leur plus belle voix, et avec le plus mélodieux accompagnement de leur maîtresse de chœur, les demoiselles chantaient.

Venait ensuite *l'instruction*. Elle rappelait aux femmes chrétiennes tout ce qu'elles doivent avoir de foi, de piété, de vertu, tout ce que leur commande, au sein de la famille, dans la société, partout où les attire le commerce ordinaire de la vie, la loi du bon exemple. Et elle révéla tout de suite chez M. le Prédicateur une parole très sympathique, dont l'aménité et la distinction égalaient la simplicité.

III. La réunion pour toute la *Paroisse* avait lieu à 7 heures 1/2 du soir.

Elle était annoncée par nos grandes sonneries. Et nous devons à la vérité de dire avec quel élan la population répondait, chaque fois, à cette solennelle invitation. C'était la plus imposante réunion de la journée.

Les *Cantiques* du programme, chantés par les trois *chœurs*, par les *enfants*, par les *demoiselles*, par les *hom-*

mes, étaient d'un effet saisissant, surtout le CANTIQUE *au Bienheureux*, dont chaque strophe venait enflammer de plus en plus l'enthousiasme; ou bien cet autre *cantique* si aimé, si populaire, si connu des pèlerins de Lourdes : NOUS VOULONS DIEU !... *Nous voulons Dieu dans nos familles!... Nous voulons Dieu dans nos écoles !...* qui entrait si bien, en nos temps *d'écoles sans Dieu*, dans l'esprit de la fête, et qui a dû nous rendre propice le bienheureux fondateur des *Écoles chrétiennes*.

Après les *Cantiques*, M. le Prédicateur, devant le plus sympathique auditoire, et sous forme *d'instructions sur le bienheureux de la Salle*, traitait son grand sujet, et il le traitait, faut-il dire aussitôt, avec autant de sagesse dans les vues, de réserve et de prudence dans le langage, que d'ampleur et de clarté dans le plan.

Il en avait fait tout naturellement trois parts : la VIE, la BÉATIFICATION, la SURVIVANCE du Bienheureux, qui lui ont fourni matière à autant d'instructions.

I. La VIE, esquissée en traits rapides, précis et saillants, dans l'instruction du VENDREDI, lui a permis de mettre en plein relief, avec « l'intelligence supérieure » du héros chrétien, son « irréprochable vertu », de le présenter toujours comme « un modèle », qu'il considérât en lui l'enfant dans la famille, le jeune élève à l'école, le lévite au grand Séminaire, le prêtre, le chanoine, ou le fondateur des Écoles chrétiennes, le religieux, se dépouillant de son canonicat, de son riche patrimoine, de son indépendance et de sa volonté, pour se donner tout entier à son œuvre, puis mourant dans le calme, et laissant, à sa mort, 23 Maisons, 274 Frères, 9,885 élèves. D'où il a pu conclure, en toute vérité, suivant le texte de cette première instruction, que, « si Dieu est admirable dans ses saints » (Ps. LXVII, 36) en général, il a été tout particulièrement admirable dans le Bienheureux que nous glorifions.

2. La Béatification, dont il a retracé l'histoire avec le plus vif intérêt, dans l'instruction du Samedi, l'a conduit en cour de Rome, devant le tribunal établi par le Souverain Pontife, avec ses divers degrés de juridiction, pour la canonisation des saints. Et là, avec lui, il nous a fait assister à toutes les *procédures*, à tous les *débats* concernant la cause du fondateur des Écoles chrétiennes. Il nous a dit comment elle fut introduite en 1835, pour ne se terminer qu'en 1887, 52 ans après, vu les sages lenteurs de la cour romaine ; comment furent prouvées, avec la plus entière certitude, d'une part l'héroïcité des vertus pratiquées par le grand serviteur de Dieu, de l'autre l'authenticité de ses miracles ; comment il fut déclaré *Vénérable* d'abord, et puis *Bienheureux*, quand l'heure en fut venue ; comment, pour lors, dans une cause si glorieuse, se sont réalisées les paroles prises pour texte de la seconde instruction, suivant lesquelles « ceux qui instruisent les multitudes dans la justice doivent briller comme des étoiles dans les perpétuelles éternités » (Dan., xii, 3).

3. La Survivance, prêchée aux vêpres du lendemain, et rapportée ici, bien qu'elle appartienne en fait à la *journée du Dimanche*, a été pour les Chers Frères, en qui se perpétue, à travers les âges et dans tout l'univers, la vie de leur bienheureux fondateur, un éloge d'autant plus délicat et d'autant mieux goûté qu'il était plus sobre et plus discret. C'était l'éloge des véritables instituteurs, ces nobles auxiliaires des parents auprès des enfants qui leur sont confiés et dont ils demeurent responsables devant Dieu et devant les hommes tout autant que les parents, ces « magistrats de la famille », comme les qualifiait Sénèque, en les plaçant « au-dessus de tous les magistrats de la cité. » L'orateur en a fait le portrait parlant, soit en marquant le rôle sacré d'*éducateurs* de l'enfance qu'ils sont appelés à remplir, soit en relevant

en eux ces quatre qualités principales qui doivent former leur apanage, au dire de tous les grands maîtres de pédagogie, et que la religion seule inspire, que Dieu seul peut donner : la *vertu*, la *fermeté*, l'*intelligence*, le *dévouement*. Il lui a été bien facile ensuite d'en montrer le type le plus parfait dans les *Frères des Écoles chrétiennes*, et d'en faire remonter la gloire au bienheureux Jean-Baptiste de la Salle, qui les a formés « par ses exemples comme par ses leçons » ; qui doit, par cela même, d'après le texte de cette troisième instruction, « être appelé grand dans le royaume des cieux » (Math., v, 19).

L'*exercice*, continué par les PRIÈRES, *aux intentions du Souverain Pontife*, comprises parmi les conditions des *indulgences* à gagner, s'est terminé par le SALUT du Très-Saint-Sacrement.

Le *Vendredi*, avant le SALUT, ont été solennellement bénites la *statue* du Bienheureux, avec les *médailles* frappées à son effigie et destinées à toute l'assistance, pour le jour de la *clôture*, comme souvenir du *Triduum*.

Le *Samedi*, le SALUT a été donné par le Révérendissime Père Abbé, dont les cloches, mises en branle quelques heures avant, à la grande joie de la paroisse, avaient annoncé l'arrivée.

2°

Journée du Dimanche

Le programme du DIMANCHE, d'un attrait particulier, et dès longtemps connu de tous, grâce aux préparatifs extérieurs qui en avaient trahi les secrets, complaisamment répété de bouche en bouche, promettait, comme CLÔTURE, une *grande journée*. Et la *grande journée* est venue, et elle a dépassé toute attente, et elle restera à tout jamais dans les souvenirs de la cité comme une des journées les plus mémorables.

La *communion générale* du MATIN, à la messe de 7 heures, en a été comme le pieux prélude. Vu le grand nombre de communiants, elle faisait presque songer aux *communions générales* de RETRAITES, de MISSIONS, de JUBILÉS. C'était touchant surtout de voir tous les jeunes enfants des deux écoles congréganistes, tous ceux du moins qui pouvaient être admis au bonheur de communier, s'avancer vers la table sainte, comme deux angéliques phalanges, et réjouir ainsi le Bienheureux, qui les contemplait sans doute du haut du ciel en abaissant sur eux un regard de complaisance.

A 10 heures, l'église était deux fois trop petite pour donner place à tous, grand nombre d'étrangers, accourus des paroisses voisines, ayant considérablement grossi les rangs de la population locale.

La grand' messe a été célébrée par le Révérendissime Père Abbé, avec toute la pompe des cérémonies pontificales.

Cinquante élèves des Frères, anciens ou actuels, hommes, jeunes gens, enfants, ont chanté la *Messe Mozart*, dont on avait tant parlé déjà, au cours des répétitions, et ils l'ont chantée, au dire des connaisseurs, avec toute la perfection que demandait le chef-d'œuvre du célèbre compositeur. Préparés et dirigés par d'habiles maîtres, ils en ont attaqué avec la même hardiesse, la même aisance, la même sûreté, toutes les parties : le KYRIE, qui éclate comme un cri de douleur et de pitié; le GLORIA, si joyeux, si triomphant, qui est un véritable chant de gloire; le SANCTUS, et dans le SANCTUS, cette phrase si harmonieuse du BENEDICTUS, que l'on croirait détachée d'un concert des anges; l'AGNUS DEI, dont les notes plaintives et suaves rendent si bien le sentiment de la prière, de la supplication.

A l'OFFERTOIRE, un *andante* du même auteur, pour *orgues* et *violon*, a été joué avec beaucoup d'art et avec toute la justesse du mouvement qui fait le grand mérite du genre.

Le SOIR, à 3 heures, de nouveaux assistants ont grossi encore et rendu plus serrés, plus compacts les rangs des fidèles.

Les *Vêpres* ont été célébrées pontificalement, comme la grand' messe, et chantées en faux-bourdons.

Après le SALVE, M. le Prédicateur, couronnant son œuvre, a donné sur la *survivance* du Bienheureux de la Salle sa belle instruction rapportée plus haut.

Au SALUT, divers morceaux de premier choix, presque tous empruntés aux grands maîtres, et brillamment exécutés, ont fait les délices des *dilettanti* et enlevé l'admiration de toute l'assistance.

Le *chœur des demoiselles* s'est fait remarquer par la belle *cantate* dont il a rendu les trois parties avec le plus parfait ensemble.

Un *ténor*, d'une voix rare, qui ne fait jamais défaut à l'église dans les grandes circonstances, a été ravissant dans l'*Ave Maria* de Gounod, chanté avec accompagnements d'*harmonium*, de *piano* et de *violon* : l'immense foule qui se pressait jusque dans les dernières profondeurs du lieu saint et qui avait fait le plus solennel silence, ne respirait plus pour mieux l'entendre et pour ne rien perdre de si suaves mélodies.

Les 50 élèves des Frères, qui formaient un si beau *chœur d'hommes*, ont chanté avec tous ses gracieux accords le *Tantum ergo* de Haydn. Puis, la bénédiction du Très-Saint-Sacrement étant donnée, ils ont fait monter vers le ciel leur suprême chant de louanges. En 1867, lors de l'*Exposition universelle* de Paris, et à l'heure où se distribuaient solennellement les récompenses, le chef d'orchestre n'avait pu trouver mieux, dit-on, pour bien clore la solennité à la gloire des lauréats, que le *Laudate* de Gounod. Nos cinquante exécutants ne pouvaient mieux trouver, à leur tour, que le même *Laudate* pour clore dignement les fêtes du *Triduum* à la gloire de leur premier maître. C'était, en l'honneur du Bienheureux de la Salle, comme un écho de cette grande voix de toutes les nations, de tous les peuples, qui s'unissaient autrefois avec le Psalmiste, pour louer le Dieu de miséricorde et son éternelle vérité (Ps. cxvi).

Restait, pour la SORTIE, le baisement de la *Relique du Bienheureux* et la distribution des *Médailles* commémoratives du *Triduum*.

Le Révérendissime Père Abbé, de sa main bénie et avec sa bonté ineffable, a fait baiser la précieuse *Relique* aux fidèles, en souhaitant à chacun *la paix*, suivant la formule liturgique, et en en faisant passer toute la douceur dans sa voix.

En même temps, M. le Curé, dont la joie bien visible était facile à comprendre, a distribué les *Médailles*.

Le *retour* au presbytère, effectué avec le cortège officiel du clergé et des enfants de chœur, a été une véritable *ovation*, nous allions dire un véritable *triomphe* pour le Révérendissime Père Abbé. A travers la grande nef de l'église et sur tout le parcours de la rue, où la population, dans son respectueux et sympathique enthousiasme, formait une double haie, toutes les mères se disputaient sa bénédiction pour leurs enfants et pour elles-mêmes, et bon nombre d'hommes, qui plus est, se montraient jaloux de baiser son anneau.

Puis la foule s'est retirée, ravie de tant de douceur, de bonté, de simplicité, s'alliant en lui, par un heureux mélange, à tant de dignité, à tant de grandeur. On oubliait presque, dans les entretiens des uns avec les autres sur l'*excellent Père*, le Bienheureux du ciel qu'on venait de fêter, pour ne parler que de cet autre *Bienheureux* que possède encore la terre, et pour souhaiter qu'il plaise à Dieu de lui garder encore de longues années de vie, et pour l'édification des paroisses privilégiées qu'il visite, et pour le plus grand bien de son monastère d'Aiguebelle.

IV

LES AGAPES

Au cours des pieuses fêtes, les Chers Frères ont eu à cœur de faire revivre pour leurs invités et pour leurs élèves les *agapes* de la primitive Église, c'est-à-dire, au sens étymologique du mot, emprunté au grec, ces *repas de charité*, tout mystérieux et tout symboliques, que les premiers chrétiens faisaient entre eux, dans leurs assemblées religieuses, comme tout autre exercice de piété, en mémoire de la dernière Cène de Jésus-Christ avec ses disciples, en signe aussi d'union, de concorde, de fraternité.

Et nous aimons à dire, au risque de paraître indiscret, qu'avec une exquise délicatesse, en vue de leur rendre plus facile ce gracieux devoir de l'hospitalité, bien des mains libérales et invisibles ont fait auprès d'eux l'office de la divine Providence. Sans se prévaloir aucunement du don de miracle, elles ont renouvelé, à leur manière, sous formes très diverses, selon les besoins du jour, les merveilles du désert, au temps de la manne ou de la multiplication des pains, voire même les merveilles des noces de Cana.

La même table d'honneur a donné place alternativement aux différent groupes de convives :

Le dimanche, à midi, c'est le *Clergé* qui est allé s'y asseoir, avec les Chers Frères, autour du Révérendissime Père Abbé et du Cher Frère Visiteur.

Le soir du même jour, à 7 heures, c'était le tour des *Anciens élèves* qui avaient pris part aux chants.

Le lendemain, les *Anciens élèves* étaient remplacés par les *élèves actuels* :

A 4 heures, au sortir des classes, par ceux qui n'avaient point rempli de charges aux cérémonies ;

A 7 heures, par les *choristes* et par les *enfants de chœur*.

Renouvelées de l'Eglise naissante, ou de la première Communauté chrétienne, et de ses institutions les plus évangéliques, ces pieuses agapes ont valu à la Communauté des Frères quelques heures de la plus cordiale et de la plus sainte allégresse.

On s'y est réjoui, au début, avec le *Bienheureux d'Aiguebelle*, comme on l'eût fait avec le *Bienheureux de la Salle* lui-même.

On y a chanté, quand le tour des *choristes* est venu, comme on chantait aux agapes des anciens jours. Si les *chansonnettes* pour rire, avec leur comique achevé, désopilant et du meilleur aloi, y ont souvent mis l'assistance en pleine gaîté, les saints *cantiques* y ont eu la plus large part, notamment le cantique du jour : le CANTIQUE *au Bienheureux de la Salle*, qui revenait sans cesse, entre les autres chants, comme la note dominante ou comme un entraînant refrain.

Quant aux *enfants*, leur joie était sans mesure, et nous aurions grand'peine à dire tout ce qu'elle a jeté de charme sur leur double réunion avec ses effusions ingénues, naïves, pleines d'innocence et de candeur.

Plus rien, après les agapes complémentaires du *Triduum*, ne restant à relater, nous avons clos et signé le présent procès-verbal.

RAVANIS,
curé-doyen, chanoine honoraire.

9 782329 231808